CONGRÈS ANNUEL

DE LA

SOCIÉTÉ D'ÉCONOMIE SOCIALE ET DES UNIONS DE LA PAIX SOCIALE

FONDÉES PAR F. LE PLAY

XVIe SESSION. — 19-26 MAI 1897

L'EGALITÉ DES CONDITIONS

DISCOURS PRONONCÉ

PAR

ARTHUR DESJARDINS

Membre de l'Institut de France, Avocat général à la Cour de Cassation
Président du Congrès.

(Extrait de *LA RÉFORME SOCIALE*)

PARIS

AU SECRÉTARIAT DE LA SOCIÉTÉ D'ÉCONOMIE SOCIALE

54, RUE DE SEINE, 54

—

1897

SOCIÉTÉ INTERNATIONALE D'ÉCONOMIE SOCIALE

La Société, fondée par Le Play, s'est constituée le 27 novembre 1856, pour remplir le vœu exprimé par l'Académie des sciences, en couronnant l'ouvrage intitulé les *Ouvriers européens*. Elle applique à l'étude comparée des diverses constitutions sociales la méthode d'observation, dite des monographies des familles. Elle reproduit les monographies les plus remarquables dans le recueil intitulé les *Ouvriers des deux mondes*, et publie le compte rendu *in extenso* de ses séances dans la *Réforme sociale, bulletin de la Société d'économie sociale et des Unions*.

La *Société d'Economie sociale* se compose de *Membres honoraires* versant une cotisation de 100 francs par an, au minimum, et de *Membres titulaires* payant 25 francs. L'un et l'autre de ces deux prix donnent droit à recevoir la *Réforme sociale*, qui est adressée à tous les Membres deux fois par mois, le 1er et le 16 ; et les *Ouvriers des deux mondes* qui paraissent par fascicules trimestriels.

De 1865 à 1885 le *Bulletin* des séances forme 9 vol. in-8° avec tables méthodiques. La collection complète (rare) : 68 francs. — Depuis 1886, le *Bulletin* est remplacé par la *Réforme sociale*.

LES UNIONS DE LA PAIX SOCIALE

Les *Unions* ont pour but de propager et de mettre en pratique les doctrines de l'*Ecole de la paix sociale*. Elle sont réparties par petits groupes en France et à l'étranger. Leur action s'exerce par l'intermédiaire de CORRESPONDANTS locaux.

Les membres sont invités à transmettre au secrétariat général les faits qu'ils ont pu observer autour d'eux, ou les renseignements qui sont parvenus à leur connaissance. Ces communications sont, suivant leur importance, mentionnées ou reproduites dans la *Réforme sociale*.

Les *Unions* se composent de membres *associés* et de membres *titulaires*. Les membres *associés* versent une cotisation annuelle de 15 francs (France et étranger) qui leur donne droit à recevoir deux fois par mois la *Réforme sociale, bulletin* de la *Société* et des *Unions*. Les *membres titulaires* concourent plus intimement aux travaux qui servent de base à la doctrine des *Unions ;* ils payent, outre la cotisation annuelle, un droit d'entrée de 10 francs au moment de leur admission, et reçoivent, en retour, pour une *valeur égale* d'ouvrages choisis dans la *Bibliothèque de la paix sociale* et livrés au prix de revient.

Pour être admis dans les *Unions de la paix sociale*, il faut être présenté par un membre, ou adresser directement une demande d'admission au Secrétaire général, rue de Seine, 54, à Paris. — Les noms des membres nouvellement admis sont publiés dans la *Réforme sociale*.

COMITÉ DE DÉFENSE ET DE PROGRÈS SOCIAL

La *Réforme sociale* publie *in extenso* la plupart des conférences faites sous auspices du *Comité de Défense et de progrès social*. Chacune des conférences de 1895 et de 1896 a été éditée, en vue de la propagande, en une brochure in-18 au prix de **Cinq centimes**. (Envoi *franco* à partir de 10 exemplaires).

CONGRÈS ANNUEL

DE LA

SOCIÉTÉ D'ÉCONOMIE SOCIALE ET DES UNIONS DE LA PAIX SOCIALE

FONDÉES PAR F. LE PLAY

XVIe SESSION. — 19-26 MAI 1897

L'EGALITÉ DES CONDITIONS

DISCOURS PRONONCÉ

PAR

ARTHUR DESJARDINS

Membre de l'Institut de France, Avocat général à la Cour de Cassation
Président du Congrès.

(Extrait de *LA RÉFORME SOCIALE*)

PARIS

AU SECRÉTARIAT DE LA SOCIÉTÉ D'ÉCONOMIE SOCIALE

54, RUE DE SEINE, 54

1897

L'ÉGALITÉ DES CONDITIONS

MESDAMES, MESSIEURS,

M. Hubert-Valleroux, votre président, et M. Delaire, votre secré taire général, m'ont offert de présider la session annuelle de 1897. Je ne méritais point cet honneur. J'ai sans doute abordé, dans quelques-uns de mes ouvrages, certaines questions d'économie sociale ; mais c'est à l'étude des questions législatives et juridiques que j'ai employé la plus grande part de ma vie.

Cependant je suis ramené sans cesse, presque à mon insu, par la force des choses, comme la plupart des gens qui tiennent une plume dans ce dernier quart de siècle, à la méditation des questions sociales. Quoique ne m'étant pas mêlé d'une façon directe aux travaux de votre Société, j'ai suivi avec un intérêt croissant, depuis plusieurs années, son développement. Quel chemin parcouru depuis que M. Le Play en résolut la fondation pendant l'Exposition de 1855 et mit ce projet à exécution en 1856 ! Que de problèmes étudiés, que de problèmes éclaircis depuis quarante et un ans !

Ce qui caractérise la Société d'Économie sociale, ce qui marque ses travaux d'une empreinte particulière, on vous l'a dit avant moi, c'est l'emploi d'une méthode vraiment scientifique. Appliquer l'observation à l'étude des faits sociaux et déduire les idées des faits, telle fut la maxime suprême de M. Le Play ; tel a été votre invariable mode d'action.

C'est le procédé que je désire appliquer dans l'entretien que je vais avoir avec vous sur cette question troublante, passionnante et sans cesse débattue : *l'égalité des conditions.*

Je ne puis, avant de prendre la parole pour mon compte personnel sur ce vaste sujet, m'abstenir de vous rappeler qu'un de vos membres les plus éminents, M. Focillon, l'avait envisagée sous un certain aspect au mémorable congrès tenu en 1889 par la Société d'Économie sociale et les Unions de la paix sociale. Dans son étude sur les principes de 1789, après s'être expliqué sur *la déclaration des droits de l'homme et du citoyen*, sur *l'erreur de la perfection originelle*, sur *le droit à la liberté*, il avait traité de *l'égalite providen-*

tielle. Il avait développé dans cette quatrième partie, avec un grand éclat et une verve intarissable, la proposition suivante : « Les Français, loin d'aimer l'égalité, sont imbus de l'esprit d'inégalité : égalitaire en principe quand il s'agit d'autrui, chacun d'eux se veut mal de mort de ne pas être et surtout de ne pas paraître plus que les autres » : il rappelait à ce propos avec quelle insatiable ardeur un grand nombre de nos compatriotes, après avoir perdu la véritable notion de la noblesse, désirent et cherchent le prestige de la naissance, des titres nobiliaires, des préséances. La plupart de ses déductions reposaient sur une observation fine et profonde des faits. Il y a, dans l'ensemble de cette analyse, une grande part de vérité.

Mais l'âme humaine est un tissu d'antinomies et la question mérite qu'on l'envisage sous toutes ses faces. On tronquerait l'analyse psychologique en méconnaissant que, à partir du moment où l'orgueil humain cesse d'être en jeu, 1° l'homme est généralement animé par le sentiment de l'égalité ; 2° ce sentiment a sa racine dans l'idée même du juste.

I

Je tâcherai d'abord de mettre en relief la notion de l'égalité dans ses rapports avec la justice.

Pour donner tout de suite une forme concrète à ma pensée, je crois pouvoir affirmer qu'en aspirant à l'égalité dans l'aptitude aux professions, en revendiquant l'égalité devant la justice et devant l'impôt, nous appliquons la notion du juste à la vie sociale.

Un jour, en plein moyen âge, la royauté capétienne affranchit les serfs : « Attendu, dit Louis X, que toute créature humaine qui est formée à l'image de Notre-Seigneur, doit généralement être franche par droit naturel..., nul ne doit être serf au royaume de France. » La mesure était à la fois dictée par la politique et commandée par l'humanité. Louis X ne se trompe pas et ne trompe pas la France en invoquant l'Évangile et le droit naturel pour appeler une grande partie de ses sujets à la dignité d'hommes libres.

A la même époque, au commencement du XIVe siècle, paraît le troisième roman du Renart, Renart le Contrefait. C'est, vous le savez, une forêt touffue que cet immense poème en cinquante mille vers ; un pêle-mêle de fabliaux, d'apologues, de moralités, de chansons, de sermons, de dissertations historiques et scientifiques. Dans cette partie du poème où Renart, vieux et malade, apostrophe le *Vilain*, en guenilles, qu'il voit passer au soleil devant sa porte, et l'instruit à ne pas rougir de son nom, nul n'étant *vilain* s'il n'est un malhonnête homme, le sentiment de l'égalité m'apparaît encore sous une forme légitime. Il s'agit de rendre la forme humaine à des membres du genre humain.

Un peu plus tard, après la désastreuse bataille de Poitiers, quand une complainte circule par tout le royaume, dénonçant la conduite de la noblesse et conseillant au dauphin de faire alliance avec Jacques Bonhomme, qu'on écarte du métier des armes ;

> S'il est ben conseillé (*le dauphin*), il n'oubliera mie
> Mener Jaques Bonhome en sa grant compagnie ;
> ... Guères ne s'enfuira pour ne perdre la vie ;

c'est encore la voix de la justice qui parle. L'impéritie des nobles a compromis la France ; Jacques Bonhomme, en prétendant participer à la défense du sol français, comprend son devoir et son droit.

A la fin du XVe siècle parut une mordante comédie politique. Trois personnages sont en scène : *Noblesse*, *Eglise*, *Povreté*. Les deux premières ont sali leur linge et veulent le mettre à la lessive ; elles le font donc laver par Povreté qui le frotte, le nettoie, le fait sécher et le rapporte sur son dos. Quand elle réclame son salaire, Noblesse invoque l'ancienne coutume : bref, les deux grandes dames lui tournent le dos, en riant. C'est à peu près de la même manière que don Juan et son domestique se comporteront plus tard envers M. Dimanche quand il leur présentera sa note. Le tiers état proteste contre les corvées et les prestations gratuites : il a raison.

Je pourrais multiplier ces exemples.

On ne connaissait encore, à la fin du XVIIIe siècle, ni l'égalité dans l'aptitude aux emplois ni l'égalité devant l'impôt ni l'égalité devant la justice. Plusieurs offices étaient affectés à la noblesse par les édits mêmes qui les instituaient ; des canonicats et des places monacales étaient réservés aux gentilshommes dans un assez grand nombre d'églises cathédrales et d'abbayes. Le temps d'études requis pour obtenir le baccalauréat en droit civil ou canonique était de cinq ans pour les roturiers, de trois ans pour les nobles. N'étaient admis dans les emplois d'officiers aux armées de terre et de mer, d'après l'ordonnance du 22 mai 1781, que les gens de noble race pouvant prouver quatre degrés de noblesse, et Chérin disait encore à ce sujet en 1788 : « Cette institution a servi à contenir la roture dans de justes bornes et fait refluer tous les jours vers le commerce et d'autres professions honorables des gens dont la fortune était le seul titre pour occuper des emplois ». Les nobles étaient exempts de *tailles*, de *taillons*, de *crues d'aides* et de *subsides*, exempts aussi des corvées « personnelles » et dispensés de faire les corvées « réelles » en personne ; ils ne devaient pas, pour les fiefs qu'ils possédaient, le droit de franc-fief (1). Enfin les baillis et les sénéchaux, à l'exclusion des prévôts, connaissaient des causes des nobles et ceux-ci pouvaient, en matière criminelle, demander à être jugés par toute la grand'chambre du Parlement assemblée. Convaincu de crimes capitaux, le roturier était pendu, le gentilhomme échappait à ce supplice ; à moins qu'il n'eût commis un acte impliquant dérogeance : trahison, larcin, faux ou parjure.

Les temps étaient accomplis et ces barrières devaient tomber. Cette collection d'inégalités avait ses origines dans les temps les plus reculés de notre histoire. Le vassal était jadis protégé par le seigneur, et le droit seigneurial avait été souvent justifié par le devoir seigneurial. Mais ces rapports avaient été transformés par le lent travail des siècles, et les privilèges n'étaient plus en 1789 qu'un anachronisme incompréhensible.

L'égalité ne fit jamais de plus nobles et de plus pures conquêtes que dans la nuit du 4 août 1789. Suivez-moi dans la salle des séances de l'Assemblée constituante. Target vient de dénoncer les troubles qui ont éclaté dans plusieurs provinces et veut que toutes les lois anciennes, y compris les lois d'impôt, soient exécutées « jusqu'à ce que l'autorité de la nation les ait abrogées ou modifiées ». Le vicomte de Noailles se demande comment on établira ce gouvernement qui doit être admiré et suivi par toute l'Eu-

(1) « Ce droit consiste dans une finance que les roturiers paient au roi pour les relever de l'incapacité où ils sont de posséder des fiefs. » (Pothier.)

rope : ce ne peut être que par la tranquillité publique ; mais comment obtenir cette tranquillité? « Je propose, dit-il, 1° qu'il soit dit, avant la proclamation projetée par le comité, que les représentants de la nation ont décidé que l'impôt sera payé par tous les individus du royaume ; 2° que toutes les charges publiques seront, à l'avenir, également supportées par tous ; 3° que tous les droits féodaux seront rachetables par les communautés en argent ou échangés sur le prix d'une juste estimation, c'est-à-dire d'après le revenu d'une année commune ; 4° que les corvées seigneuriales, les mains-mortes et autres servitudes personnelles seront détruites sans rachat. » Le duc d'Aiguillon propose aussitôt « d'exprimer avec plus de détail » le vœu formé par le préopinant. Dans un discours où beaucoup de sentiments généreux se mêlent à beaucoup d'illusions, il déclare que « l'insurrection peut trouver son excuse dans les vexations dont le peuple est la victime » : suit une proposition assez semblable à la précédente.

On lit au procès-verbal : « Ces deux motions, présentées avec le ton du plus vif intérêt sur le sort des habitants des campagnes, dont elles devaient adoucir les maux, calmer l'effervescence et combler les vœux, ont été accueillies avec un transport de joie inexprimable. »

M. Leguen de Kérangal, député de la Basse-Bretagne, reprend, dans le style du temps : « Qui de nous, dans ce siècle de lumières, ne ferait pas un bûcher expiratoire de ces infâmes parchemins et ne porterait pas le flambeau pour en faire un sacrifice sur l'autel du bien public ? » Il rend donc un éclatant hommage aux vertus patriotiques du vicomte de Noailles et du duc d'Aiguillon « qui, quoique seigneurs distingués, ont eu les premiers le courage de publier des vérités jusqu'ici ensevelies dans les ténèbres de la féodalité et qui sont si puissantes pour assurer la félicité de la France. » Le procès-verbal porte : « L'enthousiasme saisit toutes les âmes. »

En effet, le marquis de Foucault fait une motion vigoureuse contre l'abus des pensions militaires ; le vicomte de Beauharnais propose l'égalité des peines et l'admissibilité de tous les citoyens à tous les emplois ecclésiastiques, civils et militaires ; M. de Lafare, évêque de Nancy, demande le rachat des droits féodaux pour les fonds ecclésiastiques, entendant que ce rachat ne tourne pas seulement au profit du seigneur ecclésiastique, mais qu'il en soit fait des placements utiles pour l'indigence ; M. de Lubersac, évêque de

Chartres, présente le droit exclusif de chasse comme un fléau pour les campagnes ruinées. Il en fait donc l'abandon en ce qui le touche, heureux de donner aux autres propriétaires cette leçon de justice et d'humanité. « A ce mot, porte le procès-verbal, une multitude de voix s'élèvent ; elles partent de Messieurs de la noblesse et se réunissent pour consommer cette renonciation à l'heure même... Tout le clergé se lève pour adhérer à la proposition : il se forme un tel ensemble d'applaudissements et d'expressions de bienveillance que la délibération reste suspendue pendant quelques instants. »

Après quoi M. de Richer appuie la proposition relative à l'extinction des justices seigneuriales ; plusieurs curés demandent qu'il leur soit permis de sacrifier leur casuel ; le duc du Châtelet propose qu'une taxe en argent soit substituée à la dîme ; M. de Boisgelin, archevêque d'Aix, après avoir dépeint avec énergie les maux de la féodalité, invite l'Assemblée à prohiber toutes les conventions qui tendraient à la faire revivre sous une forme quelconque et qui pourraient être arrachées à la misère des colons. C'est un assaut de sentiments généreux et de propositions égalitaires. On cherche dans tous les coins de la salle à découvrir des privilèges, au besoin des semblants de privilèges, afin de les abandonner. Le duc de Liancourt propose enfin de décréter qu'il sera frappé une médaille pour éterniser la mémoire de l'union sincère de tous les ordres : on le charge de surveiller l'exécution de ce vœu patriotique.

On décrète en outre : l'abolition de la qualité de serf et de la mainmorte sous quelque dénomination qu'elle existe ; la faculté de rembourser les droits seigneuriaux ; l'abolition des juridictions seigneuriales ; la suppression du droit exclusif de la chasse, des colombiers et des garennes ; la taxe en argent représentative de la dîme ; le rachat possible de toutes les dîmes ; l'abolition de tous les privilèges et de toutes les immunités pécuniaires ; l'égalité des impôts de toute espèce à compter du 1er janvier 1789 ; l'admission de tous les citoyens aux emplois civils et militaires ; l'établissement prochain d'une justice gratuite et la suppression de la vénalité des offices ; l'abandon du privilège particulier des provinces et des villes (avec déclaration des députés porteurs de mandats impératifs qu'ils vont écrire à leurs commettants pour solliciter leur adhésion) ; l'abandon des privilèges de plusieurs villes : Lyon,

Paris, Bordeaux, etc. ; la suppression du droit de déport et vacat, des annates, de la pluralité des bénéfices; la destruction des pensions obtenues sans titre ; la réformation des jurandes. Un *Te Deum* solennel sera chanté ; l'Assemblée nationale fera porter au roi par une députation l'hommage de son respect et le titre de « restaurateur de la liberté française ».

Hélas ! l'heure des déceptions ne devait pas se faire attendre ! Mais où trouver un élan plus loyal et plus désintéressé ? La justice, comme la foi, peut donc transporter des montagnes ! La France assistait à ce spectacle unique : l'explosion spontanée, irrésistible d'une idée d'égalité fondée sur la justice.

II

Mais le mouvement est trop impétueux pour être contenu. Le fleuve va rompre ses digues. Je vous parlais de l'égalité dans ses rapports avec l'idée du juste; parlons maintenant de l'égalité dans ce qu'elle a d'inique et d'utopique, du faux sentiment égalitaire.

« Égalité *de fait*, dernier but de l'art social » : je trouve cette phrase dont le *Tableau de l'esprit humain*, par Condorcet. Voici comment Babeuf, l'anarchiste Babeuf, la commentera en 1796, dans son *manifeste des égaux*, pièce authentique du procès jugé à Vendôme en l'an IV : « Nous l'aurons, cette égalité réelle, n'importe à quel prix. Malheur à ceux que nous rencontrerons entre elle et nous ! malheur à qui ferait résistance à un vœu aussi prononcé ! La Révolution française n'est que l'avant-courrière d'une autre révolution, plus grande, plus solennelle, qui sera la dernière. » C'est une prophétie que répèteront, presque dans les mêmes termes, Bebel et d'autres socialistes contemporains.

Proudhon publia, en 1858, un grand ouvrage intitulé : *De la Justice dans la Révolution et dans l'Église*. C'est dans les premières pages qu'il a principalement développé ses théories égalitaires et c'est lui que je vais surtout interroger parce que je le regarde comme le plus illustre champion et le plus grand écrivain du socialisme français.

Or, d'après ce penseur, la Révolution affirme non seulement : 1° l'égalité des personnes; 2° l'égalité civile et politique, mais encore ; 3° l'*égalité des conditions et des fortunes*.

On opposait à Proudhon, alors comme aujourd'hui, les inégalités inscrites, à chaque page, dans le livre de la nature. Il répond d'abord par une dénégation : « Les jours de l'année sont égaux, les années égales ; les révolutions de la lune se ramènent toujours à l'égalité. La législation des mondes est égalitaire... L'égalité gouverne l'Océan, dont le flux et le reflux, dans leurs moyennes, marchent avec la régularité du pendule... L'inégalité ne vient pas de l'essence des choses; elle vient du dehors. Otez cette influence de hasard et tout rentre dans l'égalité absolue. La feuille est égale à la feuille, la fleur à la fleur, la graine à la graine, l'individu à l'individu. »

Et plus loin : « Tous les individus dont se compose la société sont, en principe, de même essence, de même calibre, de même type, de même module : si quelque différence entre eux se manifeste, elle provient non de la pensée créatrice qui leur a donné l'être et la forme, mais des circonstances extérieures sous lesquelles les individualités naissent et se développent. »

Il ajoute enfin : « Un homme, par exemple, est plus grand et plus fort, un autre a plus de génie ou d'adresse. Tel réussit mieux dans l'agriculture, tel autre dans l'industrie ou la navigation... Dans tous ces cas, une compensation est indiquée, un nivellement est à opérer... Pour balancer les supériorités émergentes, créer sans cesse à l'égalité de nouveaux moyens dans les forces inconnues de la nature et de la société, la constitution de l'âme humaine et la division industrielle présentent des ressources infinies. »

Quelles ressources ? Proudhon met à notre disposition trois procédés.

I. Obtenir l' « égalité du *produit* et du salaire ». Karl Marx, de même, raisonne comme si le *produit* ne valait que par le travail qu'on a mis en lui. L'erreur des deux publicistes est de ne pas reconnaître que la valeur d'une marchandise n'est pas exactement égale à la valeur de ses moyens de production, par suite à la valeur du travail qui l'a créée. Leur point de départ commun est une erreur économique. C'est l'adaptation du travail à un but qui est la mesure de la valeur. Par exemple, le prix du combustible monte en hiver indépendamment du *quantum* de force humaine nécessaire pour extraire ou façonner le combustible.

Proudhon cite aussitôt deux faits à titre d'exemple :

A. Une ouvrière, occupée à domicile, porte au bout de deux mois sa note, montant à 30 francs, dans une maison de confection : elle a, pendant ces deux mois, fait crédit de son travail à cet établissement. Au lieu de lui payer ces trente francs, on lui retient sur cette somme 6 % pour trois mois à titre d'escompte. « Cette retenue de 45 centimes pour un crédit prétendu de trois mois dont on ne lui tient pas compte, n'est-ce pas un fait qui crie vengeance » ? Oui, c'est un fait abusif, odieux. Mais, l'abus supprimé, l'égalité des conditions n'a pas fait un pas.

B. La journée ordinaire d'une ouvrière, dans certaines maisons de confection, est payée 0 fr. 50 c. : il y a défaut de réciprocité manifeste entre le salaire et le produit. D'accord, et M. Hubert-Valleroux serait aussi de cet avis. Mais l'établissement même de la réciprocité ne nous conduirait pas encore à l'égalité des conditions.

Proudhon dit lui-même, en effet, dans le même chapitre : « Pour que le service soit réciproque, il faut que le maître, je veux dire le représentant de l'entreprise, rende à l'ouvrier autant que l'ouvrier lui donne : ce qui implique non pas l'égalité des salaires entre eux, y compris celui du chef, puisqu'il est possible que les services ne soient point égaux, puisque l'égalité sociale des personnes ne préjuge point l'égalité effective des services... » Je n'achève pas même la citation.

Vous admettez l'inégalité effective des services ? Mais aussitôt l'égalité effective des conditions est, comme l'égalité des salaires, sapée par la base.

C'est pourquoi l'on a proposé dans quelques congrès socialistes, notamment à Tours, d'égaliser les salaires. Mais nous touchons au point où l'utopie reçoit immédiatement des faits eux-mêmes un violent démenti.

Le 21 septembre 1893, un certain nombre de puisatiers et de terrassiers demandaient que la série de prix de la ville de Paris fût généralisée en leur faveur. Cette série de prix est un type, un parangon d'inégalité. Sont payés à l'heure : les tailleurs de pierre pour ravalement 40 centimes de plus que les maçons ou les peintres; les plombiers 10 centimes de plus que les serruriers; les charpentiers en bois 8 centimes de plus que les charpentiers en fer et les scieurs de long (les aristocrates !) 68 centimes de plus que les charpentiers en bois. Veut-on se rabattre sur l'égalité des salaires dans la même profession (ce qui laisserait sub-

sister, bien entendu, l'inégalité des conditions)? Les mineurs grévistes du Pas-de-Calais n'en voulaient pas non plus entendre parler lorsque, dans leur *ultimatum* du 25 septembre 1893, ils réclamaient des tarifs différents selon qu'il s'agissait des ouvriers à la veine, des ouvriers à la corvée ou des rouleurs.

II. Le deuxième procédé consiste dans l'*égalité des échanges*. Laissons encore la parole à Proudhon. « L'échange, dit-il, doit se faire en raison des valeurs respectives, c'est-à-dire des frais que chaque produit coûte. Par *frais de production* on entend la dépense en outils et matières premières, la consommation personnelle du producteur, plus une prime pour les accidents et non-valeurs dont est semée sa carrière... Toute addition fictive ou forcée au prix de revient est un mensonge commercial; toute vente des marchandises dont la valeur est surfaite ou surchargée de frais parasites est un vol. » On parvient ainsi à supprimer le bénéfice proprement dit: « ce système, ajoute triomphalement l'illustre publiciste, ferait disparaître les trois quarts des boutiques. » Je le crois aisément, et plus des trois quarts.

Tout d'abord comment, dans la pratique, obtenir ce résultat? Notre homme a fait une trouvaille : « Les producteurs-consommateurs réciproquement intéressés soit pour la vente, soit pour l'achat, fixeraient eux-mêmes, dit-il, le prix de chaque chose. »

Mais cela, c'est le *maximum !* Proudhon ne veut pas, il le déclare tout de suite, du *maximum* décrété par le gouvernement. Il a raison : la leçon de 1793 a été trop terrible. Mais qu'importe, dans l'ordre des conséquences économiques, si le *maximum* est décrété par un syndicat de producteurs-consommateurs ? Remarquez que ce syndicat doit *nécessairement* intervenir: autrement les frais de production, variant non seulement selon les lieux, mais encore selon le talent, l'habileté, l'économie des producteurs, varieront dans la même ville ou dans le même village, et l'inégalité reparaît.

Qui ne voit, en outre, qu'en supprimant *le bénéfice* on tarit les sources mêmes de la production? J'y reviendrai tout à l'heure.

III. Troisième et dernier procédé : *le crédit gratuit.* « Le principe de la Banque doit être la réciprocité de l'escompte ; le principe du prêt, la réciprocité de prestation. Dès lors, plus d'usure, plus d'intérêt ni légal ni illégal : une simple taxe, des plus médiocres, pour frais de vérification et d'enregistrement, comme à l'escompte. »

C'est sur ce sujet très intéressant qu'une très vive polémique s'était engagée, en 1849 et 1850, entre Proudhon et Bastiat.

Proudhon disait : « L'intérêt du capital prêté est prélevé par l'oisif sur le travailleur. »

Bastiat répondait : Un homme fait des planches et n'en fera pas une dans l'année, car il n'a que ses dix doigts. Je lui prête une scie et un rabot qui sont le fruit de mon travail et dont je pourrais me servir. Au lieu d'une planche, il en fait cent et m'en donne cinq. Parce qu'il me cède librement un vingtième de cet excédent, vous me traitez de voleur. C'est absurde.

Proudhon répliquait : Les capitaux échangés doivent se compenser. Vous me prêtez une scie pour débiter mes souches ; je vous prête un rabot pour polir vos planches. Les capitaux remis sont égaux, les intérêts se balancent et le solde est nul.

Bastiat s'entêta: Mais il se peut que je vous prête à la fois le rabot et la scie. On peut s'avancer, on s'avancera le plus souvent des capitaux inégaux. Pour réussir à compenser perpétuellement l'intérêt, par conséquent à l'annuler, il faut égaliser d'abord chez tous les hommes l'activité, l'habileté, l'économie, les vertus, les vices et même les chances. On commence par supposer l'égalité et l'on commet une pure pétition de principe.

Bastiat avait l'avantage. Proudhon finit par perdre patience. Il écrivit à Darimon le 16 février 1850 : « Bastiat est un âne. » Ainsi finit la polémique.

Eh bien ! je tiens à le dire, afin de prouver une fois de plus ma complète impartialité dans les jugements que j'ai portés naguère sur Proudhon. Il y avait, au milieu de nombreux sophismes, une parcelle de vérité dans les vues de ce publiciste sur l'escompte et la circulation. Un grand phénomène économique s'accomplit dans cette seconde moitié du XIXe siècle : la réduction du taux de l'intérêt corrélative à l'élévation des salaires. C'est pourquoi, il y a quelques semaines, M. Bruno Schœnlank, député socialiste de Breslau au Reichstag allemand, l'un des coryphées du parti ouvrier, rédacteur influent de feuilles socialistes qui s'impriment à Munich et à Nuremberg, put, au grand mécontentement de quelques collectivistes français, loyalement écrire : « La paupérisation croissante des masses n'est pas vraie ». L'erreur consiste à n'avoir pas distingué l'impossible du possible, en poussant tout à outrance. Diminuer le bénéfice ou le supprimer, réduire ou détruire l'escompte ou l'intérêt, ce sont deux choses essentiellement différentes.

Proudhon est venu d'ailleurs à résipiscence, en 1861, dans sa *Théorie de l'impôt* : « Si l'égalité ne peut être atteinte, a-t-il dit, il ne s'ensuit pas qu'elle ne peut être approchée. C'est donc un mouvement de tendance, d'approximation indéfinie qu'il s'agit de déterminer dans le corps social. »

Pourquoi la complète inégalité des fortunes et des conditions est-elle une chimère ?

I. Parce qu'elle est contraire à la nature des choses.

Tous les raisonnements n'empêcheront pas que l'humanité soit composée de races très inégales. L'indigène australien a le ventre proéminent, les membres grêles, le cerveau de l'idiot européen. Peut-on mettre sur le même plan les Fuégiens, les Otomaques, les Cochimî et les Guyacura qui errent encore au Mexique, mangeant ce qu'ils trouvent, s'abritant contre le vent derrière une broussaille et, d'autre part, cette race hellénique qui, sans parler de tant d'actions sublimes qui firent battre le cœur de nos pères, poussa si loin l'amour et l'instinct du beau, ce peuple romain qui excella dans l'art du gouvernement et dans l'art de la guerre, ce peuple français qu'on a pu considérer, à diverses époques de l'histoire, comme le bras de Dieu ?

Comment nier, d'autre part, l'inégalité des individus dans la même race ? N'y trouve-t-on pas le fort et le faible, l'intelligent et l'imbécile, le dissipateur et l'économe ?

L'inégalité ne dérive-t-elle pas enfin d'influences multiples sur lesquelles les lois humaines ne peuvent avoir de prise ? Comment obtenir que les habitants de Formose et ceux de Madagascar, que les Islandais et les Touaregs s'accordent pour enfermer chaque propriétaire foncier dans des limites uniformes ? Admettons un moment cette supposition absurde et que la limite uniforme soit posée sur toute la surface du globe : comment maintenir l'égalité ? Comment empêcher que, de deux terrains réputés d'abord égaux, l'un ne devienne plus productif que l'autre ? L'égalité dans la possession se rompt à chaque minute de notre vie ; elle s'écoule par d'innombrables fissures ; elle est perpétuellement troublée par le jeu mystérieux des forces naturelles comme par le libre jeu des facultés humaines.

II. Parce qu'elle est contraire à la notion de la justice.

Pour les peuples comme pour les individus, la source générale de la richesse est dans le travail. Est-il vrai que tout travail mérite un salaire ou, si le mot « salaire » choque quelques esprits, une récompense ? J'adjure de me répondre ceux qui portent le poids de la chaleur et du jour, ceux qui moissonnent et qui bâtissent ; les ouvriers de l'agriculture, les ouvriers de l'industrie, les ouvriers mêmes de la pensée. Ce dont vous vous plaignez parfois, c'est que la récompense ne soit pas proportionnée au labeur ; mais aucun de vous ne me répondra que le travail ne doit pas être rémunéré.

Eh bien ! supposez trois nations en concurrence : le travail de la première représente cent, le travail de la seconde représente cinquante ; la troisième ne travaille pas. Est-il juste que leurs patrimoines soient égaux ? Pas plus juste que ce n'est possible.

Ce qui est vrai des nations l'est des individus. L'inégalité des fortunes dérive généralement d'une inégalité dans l'effort déployé pour acquérir ou pour conserver. Non seulement cela est, mais cela doit être.

III. Enfin la complète égalité des conditions et des fortunes est la négation même du progrès humain.

M. Fouillée cite ce mot d'un socialiste catalan, M. Ruban Donaden, de Figueras : « Je voudrais être appelé non plus Ruban Donaden, mais le n° 2,300 de Figueras, ma ville natale. » Eh bien ! le n° 2,300, je le prédis à coup sûr, ne sortira pas de sa torpeur et laissera l'humanité croupir dans la fange. Vous figurez-vous que le n° 2,300, découvrira l'Amérique comme l'a fait Colomb ? ou les effets de la vapeur dans un vase clos, comme Papin ? ou la théorie de la composition de la lumière et de la coloration des corps, comme Newton ? ou les lois de l'électricité dynamique comme Galvani ? qu'il explorera le monde des infiniment petits, comme Pasteur ? Remontez jusqu'au XIIe siècle : établissez par la pensée, à cette date, l'égalité complète des conditions. L'humanité ne connaîtra pas le grand mouvement de la Renaissance : Florence, Rome, Venise, Bologne, Milan, n'enfanteront pas leur pléiade de grands peintres, de grands architectes, de grands sculpteurs ; l'Europe ne verra pas successivement l'épanouissement du génie littéraire français au XVIIe siècle, le grand développement de l'esprit scientifique au XVIIIe et au XIXe. On n'y découvrira ni l'imprimerie, ni les chemins de fer, ni le télégraphe. Le n° 2,300 ne saura pas même préserver les populations de la famine ou de la peste, arracher la vigne au phylloxéra, transformer la lande stérile en une terre arable. Les égalitaires auront cassé le grand ressort de l'activité humaine.

III

Le problème est-il donc résolu dans toutes ses parties? Je parlais de justice, et j'entends un long murmure qui s'élève. Est-ce que l'inégalité des conditions est invariablement fondée sur la loi du mérite et du démérite ? Lamartine n'a-t-il pas dépeint

La vertu succombant sous l'audace impunie,
L'imposture en honneur, la vérité bannie,
L'errante liberté
Aux dieux vivants du monde offerte en sacrifice,
Et la force partout fondant de l'injustice
Le règne illimité?

Ah! le poète va trop loin, sans nul doute! La vertu ne succombe pas toujours sous l'audace ; il s'en faut que la vérité soit *toujours* bannie, l'imposture *toujours* honorée, « la fortune *toujours* du parti des grands crimes ». Mais comment nier que le droit succombe parfois sous la force, que « Thraséas au Sénat, Corbulon dans l'armée » soient quelquefois suspects, qu'il y ait dans l'Asie moderne, comme dans la Rome antique, des martyrs et des martyrologes, que la richesse ne dérive pas toujours du travail, que l'inégalité des conditions ne repose pas, à tous les instants et dans tous les lieux, sur l'inégalité des efforts et des vertus ? Il suffit que, sur un point quelconque, l'harmonie du bonheur et du bien soit altérée pour que l'inégalité des conditions nous apparaisse aussitôt sous l'aspect d'un désordre moral. L'équilibre est rompu, et la société ne le rétablit pas parce qu'elle ne peut le rétablir.

De deux choses l'une, Messieurs, ou l'antinomie est insoluble ou elle se résout en Dieu. Je m'explique en deux mots.

L'homme peut déjà porter un jugement, quoique imparfait, sur les efforts, sur les défaillances, sur la destinée terrestre de ses semblables, et discerner que l'inégalité des conditions ne correspond pas, ici ou là, à l'inégalité du mérite, qu'une réparation serait légitime et n'a pas été donnée.

Ce jugement n'est pas une pure opération de son entendement qui ne corresponde à aucune réalité objective. Ce que nous discernons, la souveraine intelligence le discerne ; ce que nous jugeons, la souveraine justice le juge. S'il en était autrement, l'être contingent serait supérieur à l'être nécessaire. Pour M. Renan, sans doute, Dieu est une formation incessante et progressive de l'espèce humaine. Mais la conception est puérile. Ce n'est pas nous qui formons le jugement de Dieu ; c'est un reflet de la lumière divine qui éclaire notre intelligence. L'être parfait, source de toute justice, apprécie sans la permission de l'homme et plus clairement que l'homme si l'inégalité des conditions a troublé l'équilibre et si la réparation est équitable.

Mais, tandis que la conscience humaine, après avoir jugé, ne peut faire exécuter son jugement, et qu'en dépit d'elle l'impie est parfois adoré sur la terre en même temps que des justes sont livrés aux flammes, Dieu, qui a fait la loi, garantit l'exécution de la loi. Autrement il ne serait pas Dieu. La loi dépourvue de sanction n'est qu'une ébauche informe ; c'est à lui, c'est à lui, qu'il faut demander la sanction.

Ce n'est pas là, qu'on ne s'y méprenne point, une façon d'endormir le peuple sur la nécessité des réformes qui doivent adoucir le sort des petits et des faibles. Il faut chercher ici-bas le moyen d'accomplir toutes les réformes praticables et ne pas s'imaginer qu'on est dispensé de cette besogne parce que l'ère des réparations n'est pas close à l'instant de la mort. Mais, puisque la complète égalité des conditions est une chimère et que cette inégalité des conditions n'est pas toujours proportionnelle à l'inégalité du mérite, il importe de rappeler que Dieu existe, c'est-à-dire que tout se compense et s'égalise en lui.

PARIS. — IMP. F. LEVÉ, RUE CASSETTE, 17.

ÉCOLE DE LA PAIX SOCIALE

1re Section. **Œuvres de Le Play**, éditées à Tours par MM. A. MAME et fils

Les Ouvriers européens. 6 vol. in-8° (vendus séparément)........... 39 fr.
La Réforme sociale en France. 7e édition. 3 vol. in-18.............. 5 fr.
L'organisation du travail. 6e édition. 1 vol. in-18.................. 2 fr.
L'organisation de la famille. 4e édition. 1 vol. in-18................ 2 fr.
La Paix sociale après les désastres de 1871. 1 brochure in-18......... 0 fr. 60
La Correspondance sociale. 9 brochures in-18......................... 2 fr.
La Constitution de l'Angleterre. 2 vol. in-18......................... 4 fr.
La Réforme en Europe et le salut en France. 1 vol in-18.............. 1 fr. 50
La Constitution essentielle de l'humanité. 2e édi ion. 1 vol. in-18... 2 fr.
La Question sociale au XIXe siècle. 1 brochure in-18.................. 0 fr. 30
L'Ecole de la paix sociale. 1 brochure in-18.......................... 0 fr. 20

IIe Section. **Publications de la Société d'Économie sociale**

Les Ouvriers des deux mondes. 1re série, 5 vol. in-8°.................. 80 fr.
2e série; ch. tome 15 fr., t. V, en cours; chaque monographie. 2 fr.
Instruction sur la méthode des monographies. Nouv. édit. 1 vol. in-8°.. 2 fr.
Bulletin des séances de la Société d'Economie sociale. 1re série 9 vol. in-8° 68 fr.
La Réforme sociale. 1re série (1881-1885), 10 vol. in 8°............... 80 fr.
2e série (1886-1890), 3e série (1891-1895), chac., 80 fr. — 4e série, ch. vol. 7 fr.
Annuaires des Unions et de l'Economie sociale, 5 vol.................. 15 fr.
Exp. de 1867. Rapport sur les ateliers qui conservent la paix sociale. in-8°. 1 fr.
La Réforme sociale et le centenaire de la Révolution. Travaux du Congrès de 1889, avec une lettre-préface de M. Taine, et une introduction sur les principes de 1789, l'ancien régime et la Révolution. In-8° (*en petit nombre*).. 10 fr.
Les Unions de la paix sociale leur programme d'action et leur méthode d'enquête, par A. Delaire secrétaire général des Unions. 6e édit. br. in-32 0 fr. 15

BIBLIOTHÈQUE ANNEXÉE

F. Le Play. Choix de ses œuvres avec une biographie par M. Auburtin et un portrait 1 vol. in-16, cart. LXXIV - 251 pages............... 1 fr. 75
Ch. de Ribbe. Les Familles et la Société en France avant la Révolution d'après des documents originaux : 4e édition, 2 vol. in-12. 4 fr. — La Vie domestique, ses modèles et ses règles. 2 vol. in-12. 6 fr. — Une famille au XVIe siècle. 1 vol. in-12. 2 fr. — Le Livre de Famille. 1 vol. in-12. 2 fr. — Le Play d'après sa correspondance. 1 vol. in-18. Pour les membres, 1 fr. 60; pour le public........................... 3 fr. 50
Claudio Jannet. Les États-Unis contemporains, avec une lettre de M. F. Le Play : 4e édit., 2 vol. in-12. 8 fr. — Le Code civil et les réformes indispensables à la liberté des familles. 1 br. in-18. 0 fr. 30. — Le socialisme d'Etat et la réforme sociale, 2e édit. 1 vol. in-8°, 7 fr. 50. — Le Capital, la Finance et la Spéculation. 1 vol. in-8°. 8 fr. — Les grandes époques de l'histoire économique, 1 vol. in-12 (pour les membres, 2 fr. 80).. 3 fr. 50
Jules Michel. Manuel d'économie politique et sociale, 1 vol. in-12...... 2 fr.
Comte de Butenval. Les lois de successions appréciées dans leurs effets économiques par les Chambres de commerce de France. 4e édit. in-18. 0 fr. 60
Ferrand. Les Institutions administratives en France et à l'étranger. 1 v. 6 fr. — Les Pays libres (ouvrage couronné par l'Institut). 1 vol. in-18. 3 fr. 50
Léon Lefébure. Le Devoir social. 1 vol in-12......................... 3 fr.
G. Picot, de l'Institut. Un Devoir social et les logements ouvriers. in-18. 1 fr.
Comte de Bousies. Les lois successorales dans la société contemporaine. 1 vol. in-8°, 2 fr 50. — Le Collectivisme et ses conséquences.. 2 fr. 50
P. du Maroussem. La Question ouvrière: 4 vol. in-8° avec trois préfaces de M. Funck-Brentano. — I. Les Charpentiers de Paris; II. Ebénistes du faubourg Saint-Antoine; III. Le jouet parisien; IV. Les Halles. — Ch. vol. .... 6 fr.
A. Coste. Alcoolisme et Epargne, 2e édition, in-32...................... 0 fr. 50

LA RÉFORME SOCIALE

REVUE BI-MENSUELLE FONDÉE PAR F. LE PLAY EN 1881

Avec la collaboration de MM. ANT. D'ABBADIE — PAUL ALLARD — J. ANGOT DES ROTOURS — F. AUBURTIN — ALBERT BABEAU — PAUL BAUGAS — H. BEAUNE — BÉRENGER — A. BÉCHAUX — G. BLONDEL — V BOGISIC — VICTOR BRANTS — J. CAZAJEUX — E. CHEYSSON — A. DES CILLEULS — A. DELAIRE — CH. DEJACE — ARTHUR DESJARDINS — PAUL DESJARDINS — ERNEST DUBOIS — E. DUTHOIT — ETCHEVERRY — G. FAGNIEZ — FOURNIER DE FLAIX — FOUGEROUSSE — FUNCK-BRENTANO — A. GIBON — ALBERT GIGOT — GLASSON — LOUIS GUIBERT — GRUNER — URBAIN GUÉRIN — HUBERT-VALLEROUX — J. IMBART DE LA TOUR — HENRI JOLY — ARMAND JULIN — CLÉMENT JUGLAR — J. LACOINTA — LAGASSE — RENÉ LAVOLLÉE — LÉON LEFÉBURE — ALBERT LE PLAY — ANATOLE LEROY-BEAULIEU — E. LEVASSEUR — RAPHAEL-GEORGES LÉVY — PAUL DE LOYNES — DE LUÇAY — DU MAROUSSEM — JULES MICHEL — A. MOIREAU — L. OLLÉ-LAPRUNE — G PICOT — O. PYFFEROEN — A. RAFFALOVICH — J. RAMBAUD — CH. DE RIBBE — EUGÈNE ROSTAND — SANTANGELO SPOTO — RENÉ STOURM — VICTOR TURQUAN — MAURICE VANLAER — WELCHE — ETC., ETC.

La Réforme sociale étudie les problèmes économiques et sociaux qui tiennent aujourd'hui le premier rang dans les préoccupations de l'opinion publique. Elle en demande la solution à l'observation des faits et à la pratique des lois morales, selon la méthode de F. Le Play, en dehors de tout esprit de parti et de toute théorie préconçue. Elle préconise tout un ensemble de réformes dont le cours des événements démontre de plus en plus l'urgente nécessité, et auxquelles se rallient chaque jour les esprits les plus éminents. Grâce à la sympathie grandissante que lui a témoignée le public éclairé, elle a pu, en commençant sa 3e série, prendre des développements considérables.

La Réforme sociale paraît le 1er et le 16 de chaque mois par fascicule in-8° de 80 pages, et forme par an deux forts volumes de 900 à 1000 pages chacun, complétés par des tables analytiques.

Une bibliographie méthodique analyse, au point de vue social, tous les recueils périodiques importants de la France et de l'étranger, ainsi que les publications nouvelles. Par cette innovation *la Réforme sociale* est devenue le guide le plus utile pour ceux que leur profession ou leurs études obligent à être rapidement et sûrement renseignés sur le mouvement social contemporain.

Conditions d'abonnement. — France : un an, **20** fr.; six mois, **11** fr. — Union postale : un an, **25** fr.; six mois, **14** fr. — En dehors de l'Union postale, port en plus.

Les membres des Unions de la Paix sociale reçoivent la *Réforme sociale* au prix réduit de **15** fr. (v. la notice sur les Unions).

Bureaux : Rue de Seine, 54.

LES OUVRIERS DES DEUX MONDES

ÉTUDES SUR LES TRAVAUX, LA VIE DOMESTIQUE & LA CONDITION MORALE DES POPULATIONS OUVRIÈRES

DEUXIÈME SÉRIE — Tome IV. — Prix : 15 francs.

Dernières monographies parues : *Ajusteur surveillant à l'usine de Guise; Ébéniste parisien; Métayer du Texas: Ouvrière en jouets parisiens; Savetier de Bâle; Ouvrier employé de la Papeterie coopérative d'Angoulême ; Fermiers du Forez; Armurier de Liège; Fileur du Val-des-Bois.*

Commencée en 1856, sur le vœu émis par l'Académie des Sciences en couronnant les *Ouvriers européens* de F. Le Play, cette publication réunit, sous la forme de monographies de familles avec budgets domestiques et tableaux statistiques, des documents du plus haut intérêt pour l'histoire des faits économiques et la discussion des questions sociales.

Il paraît un fascicule tous les trois mois. Prix : **2** fr. En souscrivant d'avance : **1** fr. **50**. Le Tome V est en cours.

INSTRUCTION SUR LA MÉTHODE D'OBSERVATION

dite des **monographies de familles**. 2e édition, revue et développée par AD. FOCILLON, avec specimens de monographies. In-8° de 208 p. .... **2** fr.

Paris. — Imprimerie F. Levé, rue Cassette, 17.

www.ingramcontent.com/pod-product-compliance
Lightning Source LLC
LaVergne TN
LVHW020507230826
846091LV00008BA/3389

* 9 7 8 2 0 1 9 2 1 3 3 2 9 *